INSTRUCTION PUBLIQUE.

FACULTÉ DE DROIT DE STRASBOURG.

ACTE PUBLIC
SUR LE MANDAT,

SOUTENU

A LA FACULTÉ DE DROIT DE STRASBOURG,

Le Jeudi 17 Juin 1819, à quatre heures de relevée,

POUR OBTENIR LE GRADE DE LICENCIÉ EN DROIT,

PAR

CHARLES-DOMINIQUE BERRY,

BACHELIER ES LETTRES ET EN DROIT,

DE HAYANGE (MOSELLE).

STRASBOURG,

De l'imprimerie de Levrault, impr. de la Faculté de Droit.

1819.

A

MES PARENS.

M. HERMANN, Chevalier de l'Ordre royal de la Légion d'Honneur,
Doyen de la Faculté de Droit.

EXAMINATEURS:

MM. THIERIET DE LUYTON, ⎫
    LAPORTE,   ⎬ Professeurs.
    ARNOLD,   ⎭
    BLŒCHEL. . . . . Professeur-suppléant.

DU MANDAT.

CHAPITRE I.ᵉʳ

De la nature et de la forme du mandat.

§. 1.ᵉʳ *Définition, origine, nature.*

Il existe une infinité de circonstances et d'obstacles qui prennent leur source dans la nature et dans l'état social, et qui, nous empêchant de vaquer à nos propres affaires, nous obligent de transmettre à un autre le droit de faire et de stipuler en notre nom. L'acte qui contient cette transmission de pouvoirs s'appelle *procuration* ou *mandat*. (Art. 1984, C. civ.)

Le mandat est *un contrat par lequel une personne confie la gestion d'une ou de plusieurs affaires honnêtes à une autre qui l'accepte gratuitement.*

Le mot *mandat, mandatum*, vient du verbe *mandare, confier, donner un ordre*. Si l'on remonte à sa première origine, l'on trouve qu'il se compose des mots latins, *manu data*, parce qu'autrefois le mandat étoit très-souvent verbal, et se donnoit pour ainsi dire de la main à la main : celui qui se chargeoit de l'affaire, avoit coutume de mettre sa main dans celle de la personne qui la lui confioit, pour lui donner une espèce de garantie, et l'assurer qu'il s'en acquitteroit de son mieux ; c'étoit, selon l'expression de Pothier, *symbolum bonæ fidei*. Telle est l'origine du mot *mandat*.

1

De la définition que nous avons donnée découlent naturelle-
ment plusieurs caractères distinctifs :

1.º *L'acceptation*. Sans acceptation, point de mandat. Le con-
sentement réciproque est le principe essentiel de ce contrat : c'est
alors seulement qu'il prend une consistance, et qu'il forme entre
les deux contractans les engagemens qui leur sont propres ; aussi
la loi veut-elle avant tout, pour la validité d'un mandat, l'acceptation de celui qu'on veut en charger. (Art. 1984, §. 2, C. civ.)

Cette acceptation peut être,

Expresse : lorsque le mandataire déclare d'une manière positive
qu'il se charge de l'affaire qu'on lui confie.

Tacite : lorsqu'elle résulte de l'exécution qui lui a été donnée
par le mandataire. (Art. 1985, C. civ.)

L'on voit d'après cela que le seul pouvoir n'établit point le mandat, s'il n'a été accepté expressément ou tacitement, et réciproque-
ment : sans ce pouvoir la simple gestion d'un tiers ne le constitue
point mandataire. Les actions qui naissent de cette gestion, qui
est appelée *quasi-contrat*, n'étant point l'objet de cette Disserta-
tion, je n'en parlerai pas davantage. ,

Le second caractère qui résulte de notre définition, est :

2.º La *gratuité*. Les Romains ont consacré dans différens textes
le principe de la gratuité du mandat : *mandatum est contractus
consensualis de negotio ab alio commisso gratis gerendo*. Ils l'ob-
servoient avec tant de scrupule que la plus légère rétribution étoit
regardée comme incompatible avec ce contrat, et le faisoit dégé-
nérer en un contrat de louage (§. 13, *Inst. de mandato*); il tiroit son
origine de l'amitié et des devoirs que l'on se doit entre parens et
amis : *Originem ex officio atque amicitia trahit.* (L. 1, §. 4, *ff.
mandati.*)

Néanmoins, si le commettant, pour témoigner sa reconnoissance
du service que lui rend le mandataire, promet de lui donner,
soit une somme d'argent, soit quelque autre chose, le contrat ne

changera pas de nature, et sera toujours un contrat de mandat,
pourvu que ce qui est promis ne soit pas le prix du service qu'il
se charge de rendre ; ce qui s'appelle alors *honoraire* (*honor,
honorarium, salarium*) : *Si remunerandi gratia honor intervenit,
erit mandati actio*, dit ULPIEN. (*L. 6 , ff. mandati.*)

Notre Code, regardant aussi le mandat comme un office d'amitié,
lui imprime le beau caractère de désintéressement et de générosité.
C'est, dit un orateur du Gouvernement, *le cœur et non l'argent qui peut payer les dettes de la reconnoissance.* Le mandat est gratuit de sa nature (art. 1986, C. civ.). Mais, quoiqu'un
office d'amitié, il peut être souvent regardé comme une charge
pénible et embarrassante ; aussi la loi ajoute : *s'il n'y a stipula-
tion contraire* (art. 1986 , C. civ.). De là la faculté accordée aux
contractans de stipuler des honoraires, qui seront moins un lucre
qu'une indemnité.

Enfin le mandat ne peut avoir pour objet que des affaires honnêtes ; celui d'une chose contraire aux lois et aux bonnes mœurs
seroit nul, et ne produiroit aucune obligation entre les parties :
Rei turpis nullum mandatum est, et ideo hac actione non agetur.
(*L. 6, §. 3, ff. mandati.*) Le mandataire qui a exécuté, peut être
même puni comme complice. (§. 7 , *Inst. de mandato.*)

§. 2. *De la forme du mandat.*

La loi n'exige pour la validité de la procuration qu'une seule
formalité, c'est l'acceptation : le commettant est absolument libre,
pour manifester sa volonté, de choisir le mode qui lui paroîtra
le plus convenable. Le mandat peut donc être donné :

Par acte public ;

Sous seing privé ;

Par lettre missive ;

Verbalement. Mais dans ce dernier cas son existence ne sera
établie par témoins que d'après la loi sur les obligations conven-
tionnelles en général. (Art. 1985, C. civ.)

Ordinairement ce contrat se fait par acte devant notaire, ou sous seing privé ; le mandant déclare par cette procuration qu'il donne pouvoir à une personne de faire telle chose pour lui et en sa place. Il est inutile qu'il se serve précisément de ces mots : *je constitue pour mon fondé de pouvoir, je donne pouvoir ;* tout terme positif est suffisant pour constituer un mandataire. (*L.* 1 , §. 2 , *ff. mandati.*)

§. 3. *De l'étendue du mandat.*

Le Droit romain distingue trois sortes de procurations :

1.° Spéciales ,

2.° Générales ;

3.° Celles qui sont appelées *cum libera* ; ou universelles.

Cette dernière donnoit au mandataire un pouvoir absolu d'administrer les affaires et d'en disposer comme s'il en étoit le maître. L'ancienne législation françoise n'avoit point admis cette procuration *cum libera* (FERRIÈRES, voy. Procuration *cum libera*). La loi nouvelle a reconnu l'abus des pouvoirs illimités, et, en suivant à cet égard les mêmes principes, elle ne permet que deux procurations : l'une, *speciale ;* l'autre, *générale.*

La procuration *spéciale* est celle qui porte un pouvoir borné à gérer une affaire particulière, ou à occuper sur une instance, un procès (art. 1987, C. civ.). Celui qui est chargé d'une telle procuration, n'en doit pas passer les bornes ; il doit se renfermer uniquement dans l'objet de la commission qu'on lui donne : ce qui seroit fait au-delà, seroit de nul effet.

Mais, si le mandat est conçu en termes généraux, comme s'il est dit : *le mandataire a pouvoir de faire tout ce qu'il jugera convenable aux intérêts du mandant ; ou, celui de faire tous les actes que le mandant peut faire lui-même,* quel est le sens et l'étendue de ce mandat ?

Cette question étoit autrefois un sujet de grande discussion parmi les jurisconsultes. Dans l'examen de ces deux locutions, plusieurs renfermoient l'effet de la première dans les simples actes d'administration, et attribuoient à la seconde des effets plus étendus, entre autres la faculté de disposer de la propriété.

Le Code a tari la source de toutes ces difficultés; il n'a pas conservé la distinction faite par les anciens jurisconsultes, parce qu'en matière de propriété l'on ne doit pas facilement présumer qu'on ait voulu donner à un tiers le pouvoir d'en disposer, et, en maintenant à cet égard ces dispositions, il a statué (art. 1988, C. civ.) que *le mandat conçu en termes généraux n'embrasse que les actes d'administration*. On entend ici par *actes d'administration*, des actes purement conservatoires: ainsi le mandataire peut passer des baux, faire des réparations, recevoir des loyers, fermages, arrérages, poursuivre les débiteurs, etc.; il est en tous points assimilé au *procurator omnium bonorum* des Romains. (*L.* 63, *ff. de procurat. et defens.*)

Mais, s'il s'agit d'aliéner, d'hypothéquer, ou de quelque autre acte de propriété, le mandat doit être exprès. (Art. 1988, §. 2, C. civ.)

Le pouvoir de transiger ne renferme pas celui de compromettre (art. 1989, C. civ.). Ces deux pouvoirs, quoique tendant l'un et l'autre à terminer un procès, diffèrent cependant par des nuances qu'il étoit nécessaire de marquer.

Transiger, c'est donner au mandataire la faculté de terminer lui-même le procès aux conditions qu'il juge convenables.

Compromettre, c'est lui accorder le pouvoir de soumettre le procès à un jugement d'arbitres.

Terminer par son propre jugement, ou par le jugement des autres, sont deux choses différentes que le mandataire ne peut confondre sans dénaturer l'objet du mandat.

§. 4. *Des personnes qui peuvent donner et recevoir le mandat.*

Le mandat n'ayant d'autre objet que celui de confier à une personne la gestion d'une affaire dont tout l'intérêt se rapporte au commettant, il est évident que celui-là seul qui a la capacité de traiter cette affaire, peut en confier l'exécution à un autre : de là, les mineurs, les interdits, les femmes mariées, déclarés par la loi incapables de gérer leurs propres affaires, ne peuvent donner de procuration. Le Code a donc regardé comme superflu d'examiner, relativement aux personnes qui pourroient donner le mandat, un principe qui dérivoit de la nature de ce contrat ; mais il a cru indispensable d'énoncer (art. 1990, Cod. civ.) que les mineurs et les femmes mariées peuvent être choisis pour mandataires : c'est ce qui est enseigné par la loi 31, *ff. de negotiis gestis*.

Cette disposition est conforme à la nature du contrat de mandat, qui a pour base la confiance du mandant : d'ailleurs dans aucun cas l'acceptation ne peut blesser les intérêts du mineur ou de la femme mariée ; le Code déclare qu'ils ne restent obligés que d'après les règles générales relatives aux obligations des mineurs, et à celles qui sont établies au titre du Contrat de mariage.

Après avoir parlé de la nature et de la forme du mandat, il nous reste à voir,

1.º Quels sont les devoirs et obligations que fait naître ce contrat ;

2.º La manière dont il finit.

Ce qui fera la matière des deux chapitres suivans.

CHAPITRE II.

Droits et obligations que fait naître le mandat.

§. 1.ᵉʳ *Obligations du mandataire.*

Le mandataire, par le fait de son acceptation, contracte trois obligations :

1.º De gérer l'affaire dont il est chargé ;

2.° D'y apporter tout le soin qu'elle exige;

3.° Enfin de rendre compte.

Premièrement, de gérer l'affaire dont il est chargé.

Celui qui se charge d'une procuration, doit exécuter ce qui en fait l'objet : la bonne foi, qui est le premier garant des conventions, lui impose le devoir d'accomplir sa promesse; s'il ne le fait pas, il est condamné à des dommages-intérêts (art. 1991, C. civ., et loi 22, §. 11, *ff. mand.*). L'article 1991 ajoute : *Il est tenu de même d'achever la chose commencée au décès du mandant, s'il y a péril en la demeure.* Cette seconde partie de l'article est motivée sur ce que régulièrement le contrat finit par le décès du commettant.

Le mandataire n'est cependant pas obligé de l'accomplir par lui-même; il peut, 'à moins que cela ne lui ait été formellement interdit, déléguer ses pouvoirs à une autre personne, du fait de laquelle il répond comme du sien propre. (Art. 1994, C. civ.; loi 8, §. 3, *ff. mand.*) Il est également responsable, même lorsqu'il a reçu le pouvoir de déléguer, si personne ne lui a été désigné; ou si celle dont il a fait choix, étoit notoirement incapable ou insolvable; sans préjudice du droit qu'a, dans tous les cas, le mandant d'agir directement contre le délégué. (Art. 1994, C. civ.) Autrefois il s'élevoit une question très-importante; c'étoit de savoir s'il y avoit solidarité entre plusieurs mandataires chargés par le même acte de la gestion d'une affaire.

Les anciens jurisconsultes étoient d'avis différens : les uns tenoient pour l'affirmative, et fondoient leur opinion sur le texte de la loi romaine (loi 60, §. 2, *ff. mand.*); d'autres pour la négative, partant de la Novelle 99. Le Code, par une disposition équitable, a mis fin à toutes ces discussions : il n'y a de solidarité, dit l'art. 1995, entre plusieurs fondés de pouvoir établis par le même acte, qu'autant qu'elle est exprimée.

Secondement, d'apporter à l'affaire tout le soin qu'elle exige.

Il ne suffit pas qu'un fondé de pouvoir exécute son mandat; il doit encore gérer fidèlement, et apporter à sa gestion tous les soins d'un bon père de famille : en conséquence, il est responsable envers le commettant de tout le tort qu'il lui cause, non-seulement par son dol, mais encore par sa faute. (Art. 1992, C. civ., et *L.* 13, *C. mand.*)

C'est ici le cas de distinguer le mandataire qui rend un service gratuit, d'avec celui qui exige un salaire : le mandant a le droit d'attendre de la personne salariée un plus grand soin dans l'affaire qu'il lui a confiée; une faute légère devient à son égard une faute grave : aussi sa responsabilité doit-elle être plus rigoureuse. (Art. 1992, §. 2, C. civ.)

Troisièmement, le mandataire doit rendre compte de sa gestion.

Celui qui a fidèlement géré, n'a point encore aux yeux de la loi rempli son ministère; il doit en rendre compte (art. 1993 du C. civ.). Cette sage disposition est conforme à la loi 46, §. 4, *ff. de procurat.*

En conséquence il est obligé de lui faire raison de toutes les sommes, choses, profits, en un mot, de tout ce qui est le fruit de sa gestion. Il doit compte de l'intérêt des sommes qu'il a employées à son propre usage, et ce à dater du jour de l'emploi : quant à celles dont il est reliquataire par l'événement du compte, il n'est tenu des intérêts qu'à dater du jour où il a été mis en demeure. (Art. 1996 du C. civ.)

Je terminerai les obligations du mandataire par une remarque très-importante contenue dans l'article 1997. La responsabilité du mandataire, dit la loi, qui a excédé les bornes de son pouvoir, n'a lieu qu'à l'égard du commettant; quant à la partie avec laquelle il a traité comme fondé de pouvoir, elle n'a de recours

contre lui que dans deux cas : s'il ne lui a pas donné connois-
sance suffisante de sa procuration, ou s'il s'est soumis personnel-
lement à la garantie.

La loi donne au mandant une action personnelle contre le mandataire qui, sans une juste cause d'empêchement, auroit manqué
d'exécuter l'affaire dont il s'est chargé, pour le faire condamner à
des dommages-intérêts : les Romains l'appeloient *actio directa
mandati*, parce que l'obligation pour l'exécution de laquelle elle
compète au mandant, est principale et directe. Cette action peut
être intentée non-seulement par le commettant, mais encore par ses
héritiers ; elle peut pareillement l'être et contre le mandataire et
contre les héritiers. (POTHIER, du mandat, n.° 64.) Le Droit
romain qualifioit cette action de *famosa*, parce qu'un fondé de
pouvoir qui succomboit pour quelque malversation, encouroit
de plein droit l'infamie. (*L.* 6, §§. 5 *et* 6, *ff. de his qui not. infam.*)
Ces actions sont proscrites par notre nouvelle législation ; déjà
elles n'existoient plus dans l'ancien Droit françois. (POTHIER du
mandat, n.° 65.)

§. 2. *Des obligations du mandant.*

Ces obligations regardent ou le mandataire lui-même, ou les
tierces personnes avec lesquelles il a contracté en exécution de
la procuration.

A l'égard du mandataire, il est tenu,

1.° De lui rembourser les frais et dépenses de sa gestion, et
dé lui payer le salaire, s'il a été stipulé (art. 1999, C. civ.). Pour
qu'il y ait lieu à cette obligation, il faut que le mandataire ait
déboursé *ex causa mandati*, et sans faute, *inculpabiliter*. (Po-
THIER, du mandat, n.° 68.)

2.° De lui rembourser les avances faites, avec les intérêts à
compter du jour des avances constatées. (Art. 2001, C. civ., et *L.* 12,
§. 9, *ff. mand.*)

3.° De l'indemniser des pertes qu'il a essuyées à l'occasion de sa gestion (art. 2000, C. civ.). Cette disposition est puisée dans la L. 20, *ff. mandati.*

Lorsqu'il n'y a aucune faute imputable au mandataire, il ne peut sous aucun prétexte se dispenser de ces différentes obligations, soit en alléguant que l'affaire n'a pas réussi, soit en prétendant qu'elle pouvoit être faite à moins de frais. (Art. 1999, C. civ.)

A l'égard des tiers. Le principe général est bien que le mandant est tenu d'exécuter les engagemens contractés envers et en son nom par le mandataire, mais néanmoins dans l'application il faut distinguer trois cas :

1.° Si le mandataire a fait une autre chose que celle portée au mandat, il est évident que le commettant n'est obligé en aucune manière, à moins qu'il n'ait ratifié l'engagement expressément ou tacitement. (*L.* 60, *ff. de reg. juris.*)

Expressément : en le reconnoissant comme conforme à sa volonté.

Tacitement : en le remplissant.

2.° S'il a fait l'affaire dont il étoit chargé, mais qu'il ait excédé les bornes de son pouvoir, le commettant n'est point tenu de l'excédant, sauf le cas de ratification, comme ci-dessus.

3.° Si, en faisant la chose convenue, il s'est renfermé dans les bornes de son pouvoir, le mandant doit exécuter dans toute leur étendue les engagemens contractés : il en est de même, à plus forte raison, si elle a été faite à des conditions plus avantageuses que celles portées dans la procuration. (Art. 1998, C. civ.)

Enfin, le Code, pour assurer à un fondé de pouvoir constitué pour la même affaire par plusieurs personnes l'exécution de ces différentes obligations, établit de plein droit solidarité entre elles (art. 2002, C. civ.). Cette disposition, conforme à la loi 59, §. 3, *ff., mand.,* est contraire à ce qui est dit à l'art. 1995 du Code civil.

M. BERLIER (Expos. des mot.) a expliqué les raisons de cette différence : « S'il est juste, dit-il, que, dans un acte officieux et « souvent gratuit, celui qui rend le service ait une action soli- « daire contre ceux qui tirent d'un mandat un profit commun, il « seroit injuste de le charger du fait d'autrui, sans une conven- « tion expresse. »

La loi, comme nous l'avons vu, accordant au commettant une garantie pour l'exécution de sa procuration, la justice réclamoit que le fondé de pouvoir eût aussi une action qui lui assurât l'accomplissement des obligations imposées au mandant. Cette action, appelée chez les Romains *actio contraria*, en opposition à l'action *directa*, lui donne le droit de poursuivre le mandant et ses héritiers pour ses frais et dépenses.

CHAPITRE III.

De l'extinction du mandat.

Les causes qui mettent fin à ce contrat, sont les suivantes :

1.° L'expiration du terme, ou l'événement de la condition, s'il a été ainsi contracté dans le principe.

2.° La révocation du mandataire. (Art. 2003, C. civ.)

Le mandat, en effet, n'étant autre chose que la faculté de confier à une personne la gestion d'une affaire, et le *choix* du mandataire étant libre et spontané, il s'en suit que le ministère purement offi- cieux de ce dernier doit cesser au gré de la volonté du commet- tant : *Extinctum est mandatum finita voluntate.* (*L.* 12, §. 16, *ff.* *mand.*) Aussi le Code donne au mandant la plus grande lati- tude à cet égard, et lui permet de révoquer la procuration *quand bon lui semble.* (Art. 2004, C. civ.)

Cette révocation peut être *expresse* ou *tacite :* elle se fait *expres- sément*, quand le mandant notifie au mandataire son changement de volonté ; *tacitement*, lorsqu'elle résulte de faits positifs, comme la constitution d'un nouveau fondé de pouvoir. (Art. 2006, C. civ., et *L.* 31, §. 2, *Inst. de procurat.*)

La révocation, soit expresse, soit tacite, a son effet entre le mandant et le mandataire du jour qu'elle a été notifiée à ce dernier; mais elle ne peut préjudicier aux tiers qui ont traité avec lui dans l'ignorance de cette révocation, et qui ont en conséquence le commettant pour obligé, sauf son recours contre son fondé de pouvoir (art. 2005, C. civ.). C'est même pour prévenir tout abus que la loi permet au mandant de le forcer à lui remettre, soit l'original de la procuration, si elle est sous seing privé, soit l'expédition, s'il en a été gardé minute. (Art. 2004, C. civ.)

3.º La renonciation du mandataire. (Art. 2003, C. civ.)

Elle se fait en la notifiant au mandant (art. 2007, C. civ.). Mais cette renonciation n'est valable qu'autant qu'elle ne peut porter préjudice au mandant et que la chose est encore entière, c'est-à-dire, s'il est encore à portée de faire par lui-même l'affaire dont il s'agit, ou d'en charger une autre personne; autrement il est assimilé à celui qui n'accomplit pas ses obligations, et peut être condamné comme tel à des dommages-intérêts. Mais si, cependant, les choses n'étant plus entières, il se trouvoit dans l'impossibilité de continuer sa gestion, sans en éprouver lui-même un grand préjudice, il pourroit alors renoncer, et ne seroit tenu à aucune indemnité (art. 2007, §. 2, C. civ.), d'après ce principe : *Nemini suum officium debet esse damnosum.*

4.º La mort naturelle ou civile; soit du mandant, soit du mandataire (art. 2003, C. civ.), car ce contrat, étant un office d'amitié d'un côté et de confiance de l'autre, est entièrement personnel. En cas de mort du mandataire, les héritiers doivent en donner avis au commettant, et pourvoir en attendant à ce que les circonstances exigent pour l'intérêt de celui-ci (art. 2010, C. civ.). Il ne résulte pas de la disposition de cet article qu'ils peuvent continuer la gestion; la *L.* 57, *ff.*, *mand.*, y est formellement contraire :

ils doivent seulement empêcher que rien ne périsse par leur négligence.

5.° La faillite ou déconfiture, soit de l'une, soit de l'autre des parties. (Art. 2003, C. civ.)

6.° Le changement d'état de l'une ou de l'autre; pourvu que ce changement influe sur leur capacité, comme l'interdiction, le mariage de la femme mandant ou mandataire.

7.° Enfin, la cessation des fonctions du mandant, lorsqu'il a donné une procuration en une qualité qui vient à cesser : ainsi le mandat donné par le tuteur et en cette qualité finit avec la tutelle.

En général, toutes les fois que ce contrat s'éteint par une cause qui peut être probablement ignorée du mandataire, ce qui est fait dans cette ignorance est valide (art. 2008, C. civ.). Il en est de même à l'égard des tiers de bonne foi, pour les engagemens contractés envers eux par le mandataire. (Art. 2009, C. civ.)

Tels sont les divers modes de dissolution du mandat, qui sont autant de corollaires des principes qui constituent la nature et le caractère de ce contrat.

FIN.

www.ingramcontent.com/pod-product-compliance
Lightning Source LLC
Chambersburg PA
CBHW050355210326
41520CB00020B/6328